MANIFESTATIONS ET MANIFESTES

RÉPONSE

AUX CINQUANTE MONTAGNARDS

PAR

A. PRETREL

PRIX : **10** CENTIMES.

PARIS

Chez GARNIER Frères, Libraires,
Palais National, 215.

ROUEN

Chez tous les Libraires.

Mai 1849

MANIFESTATIONS

ET MANIFESTES.

————

Mais, d'abord, qu'est-ce qu'un manifeste montagnard? Electeurs, nous allons vous le dire. Vous n'êtes pas sans vous rappeler cet heureux temps du gouvernement provisoire. Après le 24 février, quand ces messieurs se furent établis, ceux-ci à l'Hôtel-de-Ville, ceux-là au Luxembourg, tel à l'Hôtel des Postes, tel autre à la Préfecture de police; ceux qui n'avaient trouvé place nulle part pour être arrivés trop tard, furieux et mécontents, songèrent à s'en faire une en renversant ceux qui l'occupaient. On établit des clubs de tous côtés pour endoctriner les ouvriers, on enrégimentait les ateliers nationaux, on plantait des arbres de la liberté avec accompagnement de coups de fusil à balle dans les fenêtres des réactionnaires ; le soir de chaque jour on venait crier: des lampions! des lampions! en menaçant d'enfoncer les portes, de briser les vitres de ceux qui n'illuminaient pas. Bref, quand on avait fatigué, vexé la population, non content d'avoir troublé l'ordre et la sécurité, entretenu la peur et la méfiance, on organisait pour un jour quelconque une grande

manifestation. Trois cent mille hommes se promenaient dans Paris par les quartiers les plus fréquentés et les plus opulents, sans doute pour les rassurer plus complétement ; le tout défilait le long des quais et se rendait à l'Hôtel-de Ville faire visite au gouvernement provisoire. Là, quelque orateur des clubs, qui, pendant la quinzaine, avait chauffé les esprits, menaçait les braves gouvernants de la colère du peuple s'ils persistaient à marcher dans les voies réactionnaires. (Réactionnaires ! ils trouvaient réactionnaire le gouvernement provisoire !) Puis Louis Blanc montait sur un tabouret et haranguait la foule émerveillée. Le lendemain paraissaient décrets sur décrets ; on maudissait les réactionnaires, on insultait la garde nationale qu'on appelait infâme garde bourgeoise, on reculait les élections, on annonçait des impôts progressifs, des impôts de succession, tandis que certain journal, plus démocrate encore et social, demandait des lois de confiscation, et imprimait, en forme d'avis au peuple, que les citoyens un tel, un tel, tous gros banquiers, gros commerçants, demeuraient telle rue, tel numéro.
— Voilà, citoyens électeurs, ce que dans ce temps d'heureuse mémoire, on appelait une manifestation.
— Aujourd'hui, grâce à Dieu, grâce à vos premiers votes du mois d'avril, grâce surtout au vote du 10 décembre, nous en avons fini avec les manifestations. C'est là sans doute un grand sujet de chagrin pour nos montagnards, et il y a de quoi vraiment. Ne plus avoir le privilége de tourmenter, vexer, insulter la nation. — Jugez ! Quel crève-cœur ! Aussi est-ce sans doute pour nous ramener à cette joyeuse époque de manifestations qu'ils publient un manifeste. — Electeurs, souvenez-vous que si, par impossible, votre bon sens se laissant tromper par les emphatiques paroles, les sophismes, les contradictions, les hâbleries sans nombre de ce beau chef d'œuvre, vous adoptiez le manifeste montagnard, souvenez-vous que ce manifeste nous ramènerait aux manifestations dont je parlais tout

à l'heure. Et comme suivant les paroles d'un des leurs au procès de Bourges, ce n'est point le *suffrage universel mais le but révolutionnaire qui est le vrai souverain*; c'est-à dire, en bon français, que si la nation tout entière veut le repos et la tranquillité, il faut lui donner la révolution, que pour cela tous les moyens sont bons, au lieu de manifestations sur l'air : *des Lampions!* nous en aurions sur l'air qu'ils ont chanté dans leurs banquets : *Guillotinons! Guillotinons!*

Description du Manifeste.

Premièrement, la République, la Constitution, l'Assemblée constituante (à tout seigneur, tout honneur), ils n'en veulent plus. La Montagne nous les avait données, la Montagne nous les veut ôter ; que cette brave Montagne soit remerciée, répondront quelques-uns d'entre vous. Patience, rassurez-vous, et ne soyez pas si pressés. S'ils nous veulent ôter la République démocratique, une et indivisible, qu'ils nous prêchent depuis 30 ans, c'est pour nous la rendre universelle démocratique et sociale. La Constitution, il nous la rendront de même après l'avoir indéfiniment revue, corrigée et augmentée. Et comme on gagne 25 francs par jour à ce beau métier, si vous consentez à les renvoyer à la prochaine Assemblée, ils continueront ce métier-là toute leur vie, ils l'ont juré sur l'autel de la patrie.

La peine de mort.

Ainsi donc ils l'avouent, ils ne veulent plus de la Constitution. Ceux qui aujourd'hui crient : Vive la Guillotine! eux les fils de ceux qui, en 93, ont inventé et si bien employé la guillotine, non pas seulement sur les nobles, les prêtres et les bourgeois, mais, le croiriez-vous (c'est un révolutionnaire lui-même qui l'a avoué), sur *cinq mille trois cents* artisans de tous métiers, sur des ouvriers, des paysans, des chiffonniers et un pauvre de l'hospice de Bicêtre de Paris. Ils ne veulent plus de la Constitution parce qu'elle admet la peine de mort. Robespierre aussi, dans son temps, faisait le doucereux mouton et déclamait contre la peine de mort. Ils veulent abolir la peine de mort parce que dernièrement on a exécuté les assassins du général Bréa. Assassiner de sang-froid un brave général qui apporte en parlementaire des paroles de conciliation et de paix à des insurgés furieux qu'il veut épargner et sauver; assassiner ainsi c'est. disent-ils, un crime politique et non un assassinat Ils n'ont pas assez de paroles de compassion pour ces pauvres égarés, comme ils les appellent; s'ils osaient, Dieu me pardonne, ils insulteraient le brave général Bréa et son malheureux aide-de-camp Mangin, assassiné avec lui. Voilà pourquoi ils crient contre la peine de mort, c'est qu'elle atteint le crime de leurs amis; c'est que ce redoutable châtiment, autorisé par toutes les lois divines, pourvu qu'il ne soit, comme dans nos Codes, appliqué dans les occasions rares où un crime épouvantable ne laisse plus au coupable le droit à l'indulgence humaine, c'est une arme confiée par Dieu aux sociétés pour se protéger et se défendre contre le débordement des crimes, c'est la pierre angulaire de la société qu'ils veulent détruire de fond en comble, eux les éternels ennemis de la société, les révolutionnaires démolisseurs de tout gouvernement, de tout ordre social ; eux si habiles à faire dire à l'évangile tant de choses qui n'y sont pas, faut-il le leur rappeler ? N'est-ce pas le Christ lui-même qui l'a dit : *Celui qui a frappé de l'épée périra par l'épée.*

Le droit au travail.

La constitution n'a pas voulu le reconnaître. Quoi ! après ce qui a été dit, expliqué, démontré à l'Assemblée nationale sans qu'ils pussent répondre une seule bonne raison, osent-ils donc reprendre cette vieillerie du droit au travail ! Pour leur satisfaction l'État va se faire quincaillier, cordonnier, filateur, fabricant de draps, etc., afin de fournir de l'ouvrage au premier venu qui trouvera bon de quitter l'atelier de son patron, et de le ruiner en forçant l'État de lui faire concurrence ; et comme pour payer tout cela il faudra des impôts, c'est avec l'argent des citoyens que l'État ruinera les citoyens. Avec le droit au travail les porteurs d'eau forceront le gouvernement, s'il leur plaît chaque jour, de faire avaler la rivière à tout le monde. Les médecins exigeront qu'il leur fournisse chaque année quelques semaines de choléra pour avoir des malades à soigner. Encore cette extravagance démocratique et sociale, électeurs ! Ah ! c'est que sous cette apparente compassion pour les malheureux travailleurs se cachent les desseins les plus perfides et les plus coupables. Au lieu d'encourager et d'applaudir sous toutes ses formes l'exercice de cette sainte et évangélique vertu, la charité, on la calomnie, on crie aux malheureux : « Refusez, c'est l'aumône, l'humiliante aumône ! ce que les riches vous donnent ainsi par compassion *(aumône veut dire pitié)*, par charité, par fraternité, comme le d t l'Évangile, vous avez droit de le prendre. » Ils désirent augmenter la misère pour lancer ainsi une armée d'affamés furieux contre la société qu'ils veulent démolir. Electeurs, ce que n'a pas craint d'avouer le plus habile d'entre eux : *donnez-moi*, dit-il, *le droit au travail et j'en ai fini avec la propriété*, voilà le sens caché de leur droit au travail ; voilà pourquoi ils ne veulent plus de la constitution qui reconnaît que le travail n'est pas un droit, mais un devoir.

L'Assemblée constituante a fait son temps.

Alors pourquoi se sont-ils tant remués au 29 janvier pour prolonger son existence ? Nous aussi depuis long-temps trouvions que sa tâche était finie, et au 10 décembre nous pensions le lui avoir fait assez clairement entendre par cinq millions de voix. Montagnards, si cette Assemblée, dites-vous, a fait tant de mal en votant l'état de siége, la transportation, le cautionnement des journaux, les lois contre les attroupements et les clubs, n'y a-t-il pas cinq mois au moins qu'elle a fait tout cela ? pourquoi avoir tant déclamé contre nos pétitions pour vous prier de prendre votre feuille de route ? c'est qu'en voyant ces prétendues fautes mériter l'approbation générale du pays, vous avez jugé qu'aux prochaines élections, on se garderait bien de vous nommer vous qui avez combattu toutes les lois d'autorité et d'ordre public, et voté, au contraire, toutes les propositions anarchiques et révolutionnaires, vous avez compris qu'il fallait à tout prix prolonger la durée de vos vingt-cinq francs par jour. Pour nous qui avons eu plus souvent occasion de blâmer la faiblesse que d'applaudir à l'énergie de la Constituante, qui approuvons ses bons instincts, mais redoutons son défaut de lumières, nous voulions, dans l'intérêt du pays, appeler le plus tôt possible la Législative, afin d'éviter les nouvelles fautes de la Constituante, et panser au plus vite les blessures innombrables faites au pays, au trésor de l'Etat, au crédit public et particulier, au commerce et à l'agriculture par les révolutionnaires du 24 février, les républicains de la veille, et les républicains rouges.

—

L'impôt du sel.

Ainsi, sous le prétexte de se rendre populaire, on n'aurait pas ôté 55 millions de recette au Trésor pour abaisser sur le sel un droit dont peu de monde se plaignait. Car depuis longtemps les Chambres monarchiques avaient fait droit aux plaintes de quelques agriculteurs qui, sur l'opinion de savants, combattue par d'autres savants, et non vérifiée encore par l'expérience, prétendent avec le sel fertiliser la terre qu'autrefois on semait de sel pour la frapper de stérilité; elles avaient même aussi supprimé cet impôt pour les manufactures de produits chimiques. Restait seulement le droit sur le sel de consommation journalière, droit écrasant en vérité puisque, par sa consommation quotidienne, l'ouvrier, le paysan se trouve, sans qu'il s'en doute, avoir payé au Trésor un impôt de 30 sous par an ! pas même un demi-centime par jour !

Sans doute autrefois la Convention nationale avait aboli l'impôt du sel, mais alors il s'agissait non de 30 sous mais de plus de 12 francs par an, puisque l'Etat

forçait chaque particulier à acheter à la gabelle tant
de livres de sel par tête, qu'on pût ou non les consom-
mer. Aujourd'hui, à la rigueur, vous pourriez échapper
à cet impôt s'il vous plaisait de ne plus manger de sel.
Mais comme cette denrée de première nécessité se vend
à un prix fort bas, l'impôt dont on la frappe disparaît
entièrement sous le prix d'achat lui-même. Et je vous
le demande, électeurs, qu'est ce que pas même un
demi centime par jour d'impôt? Voilà l'énorme bien-
fait dont vous ont gratifié les Montagnards, disent-ils,
en prolongeant la durée de l'Assemblée constituante.
Il est vrai (admirez leur science économique) que sans
une loi due aux clameurs des réactionnaires ils allaient
ruiner les départements qui fabriquent le sel en admet-
tant sans droits d'entrée les sels étrangers. Il est vrai
encore qu'ils ont augmenté au lieu d'abaisser comme
la monarchie les droits sur le sel employé dans les manufactures de produits chimiques, produits que chaque
jour peut réclamer l'agriculture elle même. Enfin il
est vrai aussi que pour détruire un impôt que vous
sentiez à peine, il faudra à sa place en établir quelque
autre sur la terre déjà si chargée, et celui-là vous le
sentirez. Voilà, électeurs, comment ils prétendent vous
rembourser les 45 centimes.

—

La taxe des lettres.

La taxe des lettres réduite par un vote de l'Assemblée, l'avait déjà été par le vote d'une chambre monarchique, il est vrai, avec plus de timidité peut-être que
de hardiesse; mais peut-on faire un crime à une chambre de son respect pour les intérêts du trésor public,

en voyant l'Assemblée constituante oublier l'état désastreux de nos finances ruinées par les républicains de toutes couleurs, et tarir une source du revenu public pour le plus grand profit, après tout, des gens d'affaires qui ont d'immenses correspondances, mais aux dépens des propriétaires des villes et des campagnes dont on augmentera encore les impôts. Car, encore une fois, malgré leurs belles protestations, à qui s'adressent tous les gouvernements pour réparer leurs réformes et bévues financières, à qui les font-ils payer? A la propriété.

—

Ils ont voté et réduit le budget.

C'est-à-dire qu'ils l'ont bâclé. Le budget représente ce que doit dépenser l'Etat pour le culte, l'instruction publique, la justice, l'armée, la marine, l'administration, les travaux publics. Sous prétexte d'économies, ils désorganisent tous les services; ils taillent, ils rognent sans savoir pourquoi, souvent pour faire acte d'opposition et de mécontentement contre un gouvernement qui leur déplaît, celui du 10 décembre, vous savez pourquoi. Ils ont crié contre les budgets monarchiques, tout-à-l'heure dans le courant du manifeste vous pourrez admirer quel petit budget demanderait la république démocratique et sociale. En attendant, jugez leur intelligence et leur bonne foi. Ils veulent réduire le budget de l'armée en la réduisant à 100 mille hommes à peine. Pourquoi? Parce que l'armée maintient l'ordre en France, qu'elle a en juin avec la garde nationale frotté de belle manière les rouges et les socialistes. Mais qu'ils arrivent au pouvoir, suivant leur programme ils lanceraient 15 armées sur l'Europe pour faire la guerre aux rois. Voilà comme ils diminueraient le budget de l'armée. Autre preuve de bonne foi. Ils veulent en vertu du droit au travail que l'Etat fournisse de l'ouvrage aux travailleurs. Dernièrement, qu'ont ils fait? Comme il s'agissait de travaux publics, ils ont, quoique on pût leur dire, retranché les millions demandés pour certains chemins de fer qui employaient plusieurs milliers d'ouvriers, entre autres des ouvriers que l'Assemblée constituante elle-même avait fait diriger sur ces chemins de fer après le licenciement des ateliers nationaux et les affaires de juin. Les millions sont retranchés, et voilà 20 mille ouvriers sans pain. C'est qu'on espère ainsi sans doute s'en faire une armée pour de nouvelles barricades. Voilà, électeurs, pourquoi ils tenaient tant à voter le budget.

Extravagances politiques.

Le manifeste les divise en rodomontades pour l'extérieur, et absurdités et calomnies sociales pour l'intérieur ; suivons donc le manifeste.

Extérieur.

Ils n'en disent pas bien long. C'est que nos faiseurs de Risquons-Tout en Belgique et en Savoie, n'ont pour être fiers que le droit. qu'ils ont reçu des Italiens leurs amis, de pouvoir s'habiller en citoyens romains. Eux et leurs amis démocrates hongrois, démocrates prussiens, démocrates polonais, démocrates italiens, etc., tout ce monde-là ne brille guère à l'heure qu'il est. Partout en Europe l'ordre a vaincu le désordre, et malheureusement pour certains pays qui avaient la justice et le bon droit de leur côté, il a suffi des démocrates pour gâter les meilleures causes. Et puis, que sont la plupart du temps ces prétendus démocrates ? d'audacieuses et criminelles minorités qui oppriment au profit de leurs idées anarchiques les populations qu'ils prétendent affranchir. Les démocrates hongrois, à leur grand étonnement, ont vu les Croates opprimés par eux au nom de la liberté se révolter et prendre parti pour l'empereur d'Autriche, qu'ils appellent leur père. Ailleurs, comment agissent-ils ? A Rome régnait Pie IX, le plus doux, le plus libéral des papes, qui, à son avénement, avait rappelé tous les démocrates exilés, avait recouru aux talents de ceux qu'on croyait éclairés pour apporter dans son gouvernement les réformes désirées ; à Florence, on voyait un grand-duc, le plus éclairé et le plus tolérant des princes italiens, à la tête d'un gouvernement actif et vigilant, d'une administration sage et laborieuse. En récompense, qu'on fait les démocrates ? Ils ont assassiné le ministre du pape et forcé celui-ci ainsi que le grand-duc à fuir de leurs États. Au nord de l'Italie, le roi de Sardaigne, Charles-Albert, mettait au service de la cause italienne son courage, celui de ses fils et une armée bien disposée, mais inférieure en nombre à l'ennemi qu'on voulait chasser du sol italien. Tandis qu'à la bataille de Novare il recevait 10 balles dans ses vêtements, que l'un de ses fils était blessé, que faisaient nos démocrates à Milan, à Rome, à Florence ? Ils déclamaient des discours contre le roi Charles-Albert lui-même. Pouvaient-ils, eux républicains démocrates, envoyer des soldats à son secours, se ranger sous les drapeaux d'un roi ? Vous ne les connaissez pas ; il valait bien mieux laisser triompher l'Autrichien. C'est ce qu'ont fait nos républicains français eux-mêmes. Eux si ardents aujourd'hui à secourir l'Italie, n'ont-ils pas refusé les offres faites par l'Autriche lors du premier succès du roi de Sardaigne, offres qui tendaient à l'indépendance de l'Italie? Non, c'eût été faire alliance avec un roi. Mieux valait voir triompher l'Autrichien. Voilà la politique de nos montagnards, voilà pour quelles gens la France lèverait 15 armées, sans considérer si les démocrates italiens, hongrois, allemands, etc. représentent bien au fond les nationalités auxquelles nous nous intéresserions; comme si par aventure une armée d'étrangers eut cru faire le bonheur de la France en venant prêter secours à nos démocrates français du 16 avril, du 15 mai ou du 24 juin. Et à propos d'étrangers, savez-vous, électeurs, quelle vérité commence à se révéler? savez-vous ce qu'on rencontre au fond de toutes ces révolutions, de ces émeutes, partout les mêmes bandes d'individus, écume des nations étrangères; soldats mercenaires au service des révolutionnaires, artisans de désordre et de discorde, tous ces réfugiés pour la plupart paient l'hospitalité qu'on leur accorde par le crime et l'incendie. Je ne crains pas d'en dire ici franchement ma pensée tout entière, car cela ne touche ni l'Italie, ni la Pologne; ces deux nations, auxquelles la France portera toujours un amour de sœur, ne peuvent reconnaître pour leur enfants les bandits étrangers qui aidèrent à exécuter le 24 février, qui firent la pétition po'onaise du 15 mai, et qui combattaient au 24 juin; qui assassinaient en Hongrie le général gouverneur, à Vienne le ministre de la guerre Latour, et à Rome le comte Rossi, car tous procèdent par l'assassinat; et c'est pour des assassins que la France prendrait les armes! Ah! par pudeur, cessez d'insulter son grand cœur. Si vous avez honte de l'abaissement de son influence, songez que cette situation humiliante c'est à vous qu'elle le doit, et ne lui rappelez plus que cette monarchie, pour qui vous avez tant d'injures, avait bien autrement compris et représenté notre honneur national. J'en atteste Henri IV, Louis XIV et Napoléon.

Intérieur.

Ignorance et misère, dit le *Manifeste*, voilà qui rend le peuple esclave. Nos jeunes montagnards, qui, en dignes petits-fils des grands montagnards terroristes de 93, naguères voulaient à leur façon éclairer le pays en le terrifiant par leurs commissaires, leurs émissaires, leurs journaux et leurs bulletins, qui aujourd'hui, les écrits de leurs amis nous le chantent sur tous les tons, le feraient volontiers à l'aide du rasoir national, eux qui nous prêchaient de nommer des ignorants plutôt que des citoyens éclairés et instruits, ils déclament contre l'ignorance ! ils déclameut de même contre la misère, eux qui, ainsi que l'ont fait leurs pères par les assignats, le maximum, les lois de confiscation, de réquisition, etc., ont, sinon en totalité comme ceux-ci, du moins aux trois quarts, ruiné le pays par leur désorganisation du travail, la réduction des heures de journée, les ateliers nationaux, et toutes leurs bévues financières ; eux les artisans de la misère publique, que leurs émissaires travaillent à prolonger en excitant les ouvriers à de coupables coalitions contre les ateliers privés, ils osent parler de guérir la misère ! Ouvriers, paysans, disent-ils, c'est par misère et ignorance que vous avez si mal voté au mois d'avril et surtout au 10 décembre. Vous êtes des ignorants, et c'est pour un morceau de pain (lisez le *Manifeste*) que sur vos bulletins vous écriviez Napoléou. Vous vous êtes vendus. Electeurs, est ce assez vous insulter en face, dites-moi, est-ce assez vous montrer le mépris qu'au fond ils ont pour vous ces prétendus amis du peuple? Vous n'avez pas voté pour eux, voilà pourquoi ces charlatans vous parlent de guérir la misère et l'ignorance et viennent tambouriner leurs merveilleux secrets d'enrichir et d'instruire tout le monde,

La famille et la propriété.

Point de liberté, point de souveraineté sans propriété, point de propriété sans travail. Voilà qui est bien dit, et nous en dirons autant précisément parce que cette vérité, ce n'est pas vous qui l'avez inventée ; ce que nous repoussons c'est ce qui vous appartient, c'est l'explication que vous en donnez. Loin de n'er, de détruire la famille et la propriété, vous prétendez les affirmer et les affermir. Mais de quelle famille, de quelle propriété entendez vous parler ? Quelques uns d'entre vous sont phalanstériens ou fourriéristes, ils admettent qu'un homme ait plusieurs femmes, et une femme plusieurs maris ; les enfants n'appartiennent pas à leurs parents, mais à l'Etat qui les nourrit et les élève à son gré. Est-ce là la famille que vous voulez ? Nous savons ce que les saint-simoniens, les fourriéristes, les communistes comme Louis Blanc, Cabet, Pierre Leroux entendent par propriété. Est-ce cette propriété-là que voulez ? Un de vos amis, quoique entre vous et lui parfois il s'échange quelques soufflets le citoyen Proudhon. a dit : *Dieu c'est le mal, la famille c'est le vice, la propriété c'est le vol.* Entendez-vous comme lui. Dieu, la famille et la propriété ? Non, je le sais, vous trouvez ce a un peu trop vif encore pour nos esprits bornés. Ces questions là, électeurs, pour ne pas trop vous effrayer, resteront enveloppées de brouillard. On protestera du plus grand respect pour la famille et la propriété, mais par dessous terre on travaillera, on minera pour les détruire. On a pour cela des journaux, des brochures, des clubs, des associations secrètes, et, quand on pourra s'en rendre maître, l'instruction publique. En attendant, on ment et on calomnie. Le *Manifeste* prétend que la famille c'est seulement le privilège des riches qui veulent se le réserver pour eux seuls. Je vous le demande, est-il plus odieux men-

songe, et faut-il y répondre? Oui, mais en trois mots.
Savez-vous, électeurs, ce que c'est que l'institution de
Saint-François-Régis? C'est une association pieuse et
charitable de personnes riches ou aisées, fondée en
1826, pour faire contracter civilement et religieuse-
ment à de pauvres gens vivant dans le désordre un
mariage qui permet d'accorder aux enfants le bien-
fait de la légitimation, et réconcilie les parents avec
l'Eglise et la société. En 1847, la société de Saint-François-Régis avait marié près de deux mille ménages.
Que sont les crèches et les salles d'asile, sinon de fra-
ternels moyens pour aider les mères à concilier les
exigences du travail avec les douceurs de la mater-
nité? Mais, pour nos démocrates socialistes, que signi-
fient ces institutions dues à la religion et à la monarchie? Ils vous diront toujours que les riches veulent
interdire la famille aux pauvres gens, comme ils leur
interdisent la propriété. Et ici encore, bon Dieu, y a t-
il un mot de vrai, électeurs? S'il reste beaucoup à faire
encore sans doute sous ce rapport, déjà n'a-t-on pas
fait énormément pour faciliter à tout le monde la propriété? Quel est donc le but de ces institutions de pré-
voyance, de ces caisses d'épargnes où chacun peut
apporter ses économies, accumuler un capital et se
créer une propriété? Inventions misérables, répondront ils? C'est pourquoi, au 24 février, nos démocrates, pour se faire de l'argent, trouvèrent plus simple
d'emporter les millions des caisses d'épargnes et de
dissiper en folles et honteuses dépenses, dont ils n'o-
sent pas encore nous fournir les comptes, le fruit des
sueurs d'honnêtes et sages travailleurs. Il a fallu un
vote de la Constituante pour réparer cet épouvantable
brigandage; c'est là sans doute pourquoi ils trouvent
qu'elle a manqué sa tâche. Institutions stériles, répè-
tent-ils tous en chœur; nous avons mieux que cela.
Et quoi donc? Le droit au travail. Encore le droit au
travail! Mais n'en avions-nous pas déjà fini tout à
l'heure avec lui? Hélas non, c'est une trop jolie inven-

tion démocratique et sociale pour qu'on puisse ainsi si facilement y renoncer. Nos sublimes banquistes l'ont seulement perfectionnée. Le droit au travail, disent-ils, c'est le droit au crédit.

Le droit au crédit.

Le droit au crédit, c'est le droit au capital, c'est-à-dire aux moyens, aux instruments de travail. L'État va se faire banquier : il créera une banque nationale, des banques départementales, des banques cantonales et des banques communales, en tout trente huit mille banques au moins, chacune au capital de tant de millions ou de milliers de francs, le *Manifeste* ne le dit pas ; elles prêteront sur des meubles, des immeubles, sur des valeurs présentes, et admirez, électeurs, sur *des produits à venir.* Vous viendrez trouver la banque de votre commune, de votre canton ou de votre département, et lui direz : Je veux construire une manufacture qui produira tant ; prêtez moi donc cent mille francs, et, en vertu de votre droit au capital, on vous avancera cet instrument de travail, qu'il vous sera facile de changer en instrument de voyage s'il vous plaît mieux de renoncer à l'industrie pour faire un tour en pays étranger. Vous êtes cultivateur. J'ai, dites-vous, un champ bien rocailleux ; mais je suis sûr qu'avec plusieurs sacs de mille francs prêtés par la banque, j'en saurai tirer un bien joli parti Il est vrai qu'après, comme avant, ce champ ne produira pas plus de 15 francs par arpent. — Moi, je veux fabriquer un ballon de nouvelle invention ; vite, un crédit à la banque nationale, et j'irai ensuite faire un trou à la lune. Vrai Dieu ! direz vous, la belle chose que le droit au crédit ! Mais cependant un souci vous arrête ; pour toutes ces belles choses, il faut de l'argent ; où le prendra-t-on ? dans la poche des contribuables ? Eh bien ! non. Quand on crie comme les Montagnards, contre les impôts, on répond par les cabrioles que voici : l'Etat ne doit pas reprendre d'une main ce qu'il donne de l'autre ; il arrachera le commerce, l'industrie, l'agriculture à l'exploitation des banquiers, des agioteurs et des usuriers. *Il forcera l'intérêt de l'argent à baisser de plus en plus.* Mais, comment ! par des lois de maximum ou de confiscation comme en 93 ? Non, par le moyen des banques nationales. Mais, pour ces banques, il faut de l'argent ; les Montagnards ont donc la Californie dans leurs poches ? Hélas ! je ne le crois guères. Mais, silence, voici leur réponse : Pauvres gens que vous êtes, il est bien question ici des mines d'or de la Californie ! est-ce que le *capital* est un *métal ?* Allez à la banque du peuple du citoyen Proudhon (elle n'avait pas encore fait faillite quand on parlait d'un ton si fier), et vous apprendrez que le droit au crédit, le droit au capital, c'est-à-dire l'instrument de travail ne se représente nullement par le métal de cette vile monnaie, mais par du papier. Cette mine inépuisable de richesse, ce trésor incommensurable d'abondance et de félicité publique, c'est la planche aux assignats.

—

Les impôts.

Nos Montagnards promettent de les diminuer. C'est entendu. Mais, pardieu, pendant qu'ils y sont, pourquoi ne les suppriment-ils pas tous entièrement ? Si la planche aux assignats, sans capital monnayé, suffit à faire le bonheur de la France, par le moyen de trentehuit mille Banques nationales, pourquoi l'Etat ne s'en contente-t-il pas, au lieu de lever des impôts? Ah! c'est qu'entre nous, électeurs, je les soupçonne de beaucoup moins mépriser qu'ils ne l'assurent ce vil métal qu'on appelle monnaie d'or et d'argent; quoi qu'ils en disent, ils savent bien que nos écus valent mieux que leur papier. C'est pourquoi il y aura toujours des impôts. Mais ils seront largement réformés. Ils seront, dit le *Manifeste*, à la fois proportionnels et progressifs ; le pauvre ne payera plus pour le riche, mais le riche pour le pauvre. Car, chaque année, le pauvre paye 400 millions de plus qu'il ne doit, et depuis 34 ans c'est 13 milliards qu'il paye pour le riche, qui en profite honnêtement et modérément. Ici, ne rions plus, électeurs, car l'odieux le dispute au ridicule. Ehontés et impudents menteurs , empoisonneurs de l'esprit public, expliquez-nous comment le riche a dépouillé le pauvre de 13 milliards. Vous ne répondez pas et gardez le silence. C'est plus court et moins embarrassant; on ne réussit pas moins ainsi à semer des ferments de haine et de colère entre les diverses classes de la société, entre les ouvriers et les patrons, entre la grande et la petite industrie, la grande et la petite agriculture. Quoi, sur un revenu de telle somme, je paye tant à l'Etat, je dépense tant en travaux d'art, de construction, d'exploitation ou de plantation, travaux dont profitent les artistes, les artisans de la ville que j'habite ou les ouvriers de mon village, et vous m'accusez de voler le pauvre! N'importe, que cela soit faux, si le coup a porté. Mais il ne portera pas. L'honnête conscience des vrais travailleurs se révoltera contre votre hypocrite impudence; ils savent que tous nous sommes égaux devant l'impôt.

Le pauvre ne paie pas plus que le riche.

En effet, il n'est si petit artisan ni si petit cultivateur qui ne sache que l'impôt qu'il paye repréente la protection due par l'Etat d'abord à sa personne et à sa famille, ensuite celle due à sa propriété. Autant le bien qu'il possède lui rapporte de fois 100 fr., autant de fois il paye à l'Etat la somme de 6 7 ou 8 fr., et il comprend qu'à la fin de l'an s'il a payé 60. 70 ou 80 fr.. c'est pour la protection accordée à sa propriété de 1,000 fr. de rente, protection que son voisin doit payer 3,000, 3 500 ou 4.000 fr. pour une propriété de 50,000 fr. de revenu. Est-ce ainsi que le pauvre paye 13 milliards pour le riche? Non, le propriétaire riche et le propriétaire pauvre paient en raison de ce qu'ils possèdent, c'est l'égalité la plus parfaite. Ainsi, le citoyen pauvre marche de pair avec le riche; lui aussi, en proport'on de ses ressources, sert l'Etat, sert la patrie. Il sait que de son obole accumulée avec l'obole de ses pareils se constitue le grand trésor de la nation, et c'est là que dans toute son étendue éclate le triomphe de la petite propriété sur la grande. Que peut désormais celle-ci, qui de jour en jour tend à disparaître? Ils sont plus de 10 millions de petits propriétaires fonciers contre 13,000 qui paient en moyenne chacun 1.500 fr. d'impôt, plus de huit contre un. Et c'est sur d'aussi étroites bases que vous prétendez asseoir votre impôt progressif? Telle est la source qui doit fournir la quantité d'impôts suffisante pour subvenir aux besoins actuels du gouvernement et à la réalisation de toutes ces rêveries démocratiques et sociales? Mais on vous l'a déjà prouvé à la tribune de façon péremptoire, sans que vous y puissiez répondre. Fussiez-vous parvenus à confisquer en totalité le revenu des 13,000 propriétés foncières assez importantes pour être atteintes en notable mesure par l'impôt progressif, vous n'arriveriez pas encore à obtenir le sixième du revenu nécessaire à un grand Etat comme la France. Vous mêmes ne l'ignorez pas ; aussi le gouvernement provisoire a-t-il exigé pareillement de tous, riches et pauvres, l'impôt des 45 cent. Et quand, sur la proposition du grand Ledru-Rollin, qui s'en vantait hier à la tribune, on aurait frappé de 1 fr. 50 cent. ou 2 fr. les biens des riches seulement, il aurait bien vite fallu mentir à votre programme, et après avoir tué la grande, atteindre à son tour la petite propriété, ou bien, comme l'avouent ces grands financiers, estimer 6 milliards les propriétés nationales qui valent à peine 1.600 millions, et sur cette garantie fabriquer 1 ou 2 milliards d'assignats, c'est à-dire, proclamer la banqueroute.

L'impôt du sang.

Ils appellent ainsi le service militaire. Electeurs, quel est le but d'une armée dans un grand Etat? C'est de constituer la force publique, ce bras droit de l'autorité chargée de protéger les intérêts de la société, sa sécurité intérieure et extérieure; c'est, en un mot, une magistrature armée. Tout soldat doit avant tout se considérer comme le défenseur de l'ordre ; ce n'est point un impôt qu'il paie, c'est une fonction, une noble fonction qu'il remplit. Elle exige bravoure, patriotisme; quel Français en manquerait! mais aussi vigueur et force physique; ici, comme nous ne naissons pas tous également forts, également vigoureux, l'égalité civile est bien obligée de céder à l'inégalité naturelle, et puisque le métier des armes exige la réunion de qualités spéciales du corps, rendez cette carrière assez avantageuse pour encourager à y entrer les citoyens doués des qualités requises; qu'ils trouvent avantage à prolonger leur temps de service au lieu de l'abréger, et vous constituerez ainsi une armée solide, instruite et terrible sur tout champ de bataille ennemi, parce qu'au courage et au patriotisme elle joindra l'énergie, le sang-froid et l'expérience. Ah! que le sol de la patrie vienne à être envahi, ne craignez pas que le moindre cultivateur comme le plus riche propriétaire se refuse à sacrifier jusqu'au dernier de ses fils pour la défense des frontières. Vous les verrez alors, confondus en frères dans les mêmes rangs, ces enfants du riche et du pauvre, servir avec fierté sous le drapeau des vétérans de l'armée. Mais jusque-là laissez le cultivateur racheter l'espoir, l'appui, le bras droit de sa famille, celui qui, depuis l'enfance, partageant ses travaux, est arrivé, sous la direction de l'expérience paternelle, à pouvoir diriger à son tour l'exploitation agricole de sa ferme ou de sa métairie. Réformez, mais ne supprimez pas le remplacement militaire. Sous la monarchie, il fut proposé un plan que la république peut exécuter. Chaque citoyen réformé pour infirmité ou favorisé par le tirage au sort payerait à l'Etat, pendant six ou huit ans, la valeur de trois journées de son travail; ceux qui, tombés au sort, voudraient se faire remplacer, s'adresseraient au gouvernement et lui payeraient en totalité ou par annuités la somme qu'aujourd'hui ils eussent payé aux compagnies d'assurance. Ainsi se formerait une caisse destinée à créer des primes pour encourager les enrôlements volontaires, ou fournir des pensions de retraite aux vieux militaires qui auraient servi vingt ou trente ans l'Etat. Voilà, sans affaiblir l'armée, comme vous y arriveriez en réduisant le service à trois ans. Sans ébranler la loi du recrutement, ni blesser l'égalité, vous pouvez améliorer et adoucir le service militaire; au lieu d'un impôt, d'une corvée, vous en faites une fonction, une carrière. Car.

rière enfin avantageuse et glorieuse , où, sans détruire la discipline militaire par votre élection des officiers, et grâce aux lois sur l'avancement, lois égales pour tous, chaque soldat peut, suivant l'ancienneté et la capacité, s'élever dans la hiérarchie des grades, depuis celui de caporal jusqu'à celui de colonel, et de colonel à celui de général de division.

L'instruction.

Après le droit au travail les montagnards nous prêchent le droit à l'instruction. L'Etat, disent-ils, donnera l'enseignement comme il donne le crédit. Si c'est comme le crédit, méfions-nous de leur enseignement. Il nous souvient trop bien de certaines circulaires d'un ministre de l'instruction publique sous le gouvernement provisoire, et de quelques manuels publiés avec son patronage pour être lus dans les écoles par les instituteurs primaires. En matière d'enseignement j'ai grand peur, voyez vous, des doctrines des révolutionnaires montagnards sur la religion, la famille et la propriété. Nos pères nous ont dit quelles prédications, sous la première révolution, on les obligeait, eux et leurs parents, à entendre à la section tous les décadi. J'ai peur de ceux qui, invoquant le droit de l'Etat, soumettront de force nos enfants à je ne sais quelle éducation commune qui leur enseignera à traiter de préjugés les principes les plus révérés. J'ai peur enfin de tous ces partis, de toutes ces sectes qui ne font de l'instruction qu'un instrument de gouvernement, destiné à changer après chaque révolution dans l'Etat. En effet, suivant eux, une éducation monarchique peut-elle convenir à des républicains, celle des Saint-Simoniens aux phalanstériens, et celle des phalanstériens aux Icariens? Insensés! ils ne veulent pas reconnaître qu'en monarchie comme en république l'homme reste toujours le même, toujours soumis aux mêmes lois physiques et morales, et que toute éducation repose sur les principes immuables et inaltérables de la religon et de la morale. En république comme en monarchie, pas de gouvernement sans l'obéissance aux lois et le respect de l'autorité. Mais que parlons-nous de monarchie; n'est-il pas vrai que pendant quatorze cents ans elle n'a eu qu'un but, affamer et abrutir le peuple? Qu'ont donc fait pour l'enseignement Charlemagne et Saint-Louis? Chaque église, chaque couvent n'avait point d'école dans son enceinte; le collége de France ne fut pas fondé par François 1er, et ce n'est point à Richelieu et à Louis XIV qu'on doit les Académies des lettres, des sciences et des arts. Sous ce dernier même, de quelle importance purent être pour l'enseignement populaire, ces frères de la doctrine chrétienne, institués par le bienheureux de La Salle? Ah! par pudeur! cessez d'insulter aux siècles passés, souvenezvous que la Convention, tant vantée par vous, en confisquant toutes les pieuses fondations, détruisit plus de colléges et d'écoles qu'il n'a pu, depuis ce temps, et encore même aujourd'hui, s'en rétablir. De tous ces décrets qui réorganisèrent le collége de France, le Jardin-des-Plantes, les quatre Académies ou l'Institut, qui créèrent l'Ecole polytechnique, l'Ecole normale et les Ecoles centrales, il n'en est pas qui valut une loi dotant chaque village d'une école véritable, ou rétablissant celle du presbytère ou du couvent voisin. Napoléon, au moins, en fondant l'Université, rappela les frères de la doctrine chrétienne, exilés par la révolution, et par ce seul décret fit plus pour l'instruction du peuple que vous ne ferez avec tous les millions dont vous voulez charger le budget. Et cependant, quelle libéralité est la vôtre! Ce n'est plus seulement les maîtres, mais les élèves, qui seront indemnisés, dit le

Manifeste, et après avoir tant déclamé contre un budget de 1,800 millions, qu'à tout prix nos Montagnards veulent réduire au quart, au tiers ou à la moitié, ils proposent d'y ajouter 150 millions, faible somme pour le pays, que leur droit au crédit, vous savez, rendrait si riche... en papier.

—

Résumé.

Enfin, Montagnards, nous touchons au terme de votre *Manifeste;* telles en sont, dite-vous, les principales conditions, et les voici dans le résumé suivant, où nous vous suivons pas à pas.

Suffrage universel et direct. Nous l'avons. Mais on le doit à un écrivain monarchique qui, depuis seize ans, n'a cessé de le prêcher, et non à vous, qui, le voyant aujourd'ui tromper vos espérances révolutionnaires, ne craignez point, par la plume de vos amis, de le déclarer une duperie à supprimer.

Unité de pouvoir et distinction de fonctions. Charabia politique. L'unité de pouvoir, c'est le despotisme d'un seul ou la dictature d'une convention; si vous admettez l'un, adieu votre république, si vous voulez l'autre, quelle distinction de fonctions possib'e chez 900 conventionnels à la fois dictateurs et législateurs?

L'Exécutif révocable et subordonné au législatif. Afin de changer de gouvernement tous les huit jours. Aujourd'hui 451 voix contre 449 nous donnent un ministère Odilon-Barrot, et demain, grâce à trois absents, les 449 autres voix nous donnent Ledru-Rollin ou Proudhon.

Pas de président. Nous savons pourquoi depuis le 10 décembre.

Liberté illimitée de la pensée et de la presse. Afin que la violence de vos écrits amène de nouvelles journées de juin. Pensez ce que vous voudrez, mais ne l'imprimez pas. Votre liberté illimitée a toujours tué les autres libertés.

Pas de cautionnement, afin de ne jamais payer aucune amende.

Rehaussement des fonctions d'instituteurs. Rien de mieux, si fidèles à leur vrai rôle ils éclairent les esprits et ne les démoralisent pas au nom du socialisme.

Emancipation du bas clergé. Moins aristocrates dans le langage, au lieu de *bas clergé,* nous disons, nous, les curés de campagne, les desservants de paroisse, et nous respectons en eux, toujours vivant, l'admirable exemple de la plus entière et pieuse obéissance basée sur une foi profonde en l'esprit de justice et de charité des évêques et du Pape, qui représentent l'autorité religieuse. Démocrates de toutes couleurs qu'anime seule l'esprit de révolte, vous n'avez rien à comprendre dans la discipline de l'Eglise.

Application de l'élection et du concours à toutes les fonctions. Issus vous mêmes de l'élection, par vos talents et vos lumières, vous n'avez guères prouvé en faveur du principe. Que serait-ce si nous lui devions de vous posséder pour juges ou pour préfets? Quant au concours utile en certains cas, sachez que vous ne lui avez jamais dû les Buffon, les Cuvier, ni les Ampère.

Réforme du service militaire. Comme vous l'entendez, dites destruction de l'armée.

Abolition des impôts du sel et des boissons. Le sel, c'est-à-dire impôt de pas un demi centime par jour ; les boissons, c'est à-dire droit d'un quart ou d'un tiers de centime sur chaque verre de vin, et qu'empochera le marchand, sans profit pour le consommateur qui, après comme avant, n'en paiera pas moins deux sous.

Révision de l'impôt des patentes et de l'impôt foncier. Demande : Pour les augmenter ou pour les diminuer ?

Réponse : *Impots progressifs et proportionnels à la fois sur le revenu net immobilier et mobilier.* Cela veut dire qu'on veut les augmenter.

Remboursement des 45 centimes. Avec quoi ? En nous redemandant encore 45 centimes, pour rembourser les premiers ?

Exploitation par l'Etat des chemins de fer, des mines, canaux et assurances. Pourquoi faire ? Les particuliers n'exploitent-ils pas mieux que l'Etat ? et puis il faut les acheter, avec quoi ? Avec votre papier ?

Réduction des gros traitements. Vous jugerez et administrerez au rabais. Qui aurez-vous alors pour juges et pour administrateurs ?

Augmentation des petits traitements. Comme l'autre jour en disputant 250 fr. par mois à un pauvre inspecteur d'académie, obligé, avec cette somme, à représenter dignement l'Etat dont il est fonctionnaire, et en même temps faire vivre lui, sa femme et ses enfants.

Réforme administrative et judiciaire. Dites : désorganisation. Après discussion, qu'est-il resté, je le demande, de tous vos beaux projets de réforme ?

Abolition de la contrainte par corps. Payez vos dettes, ou n'en faites point, et vous ne craindrez point Clichy.

Abolition de la peine de mort. Soit. Si vous supprimez l'assassinat.

Amnistie. Point d'amnistie pour les coupables, sans expiation par le repentir.

Encouragement à l'agriculture et à l'industrie. Jolie manière d'encourager, que les surcharger d'impôts.

Droit à l'enseignement. C'est-à-dire à l'ignorance ou à l'immoralité.

Et enfin *Droit au travail par le crédit et l'association.* C'est-à-dire droit à la misère par la paresse. Droit à l'appauvrissement de la France par la ruine de l'industrie, du commerce et de l'agriculture ; droit à la stérilité de son sol, droit à la famine.

Voilà donc fidèlement résumé ce que vous voulez, Montagnards ; voilà ce que doit nous donner votre république *une, indivisible, démocratique et sociale.* C'est alors, vous nous le promettez, que la révolution sera finie, et l'ordre commencera. Ici, quittons la satire. Ce n'est point sans dessein que j'ai réservé ce point à remplir dans ma tâche ; c'est par là, Montagnards, que j'en veux finir avec vous.

L'ordre.

Avons-nous bien lu ? vous les éternels ennemis de tout ordre public, vous révolutionnaires, démagogues, anarchistes de toutes couleurs, c'est vous qui nous parlez de l'ordre ! Est-ce de votre part hypocrite effronterie, et comme naguère pour raviver votre popularité pâlie, vous ajoutiez les couleurs socialistes à votre drapeau déteint, voulez vous aujourd'hui y inscrire *l'ordre*, ce mot puissant qui rallie actuellement la masse des citoyens, afin de piper ainsi habilement dans tous les camps les voix de ceux que vos jongleries auront dupé? Est-ce impudence ou ignorance? A force de mentir à la raison et au sens commun, êtes-vous arrivés à un tel aveuglement d'esprit que vous puissiez croire fonder l'ordre social par vos doctrines antisociales? L'ordre, dites-vous, n'est pas un principe, c'est la conséquence, le résultat des trois principes : *Liberté, Egalité, Fraternité*. En êtes vous bien certains? Cette formule, selon vous, supérieure, idéale, infinie, et qui vous rend si triomphant, la croyez-vous inattaquable et pouvant défier la logique humaine? Détrompez-vous. Le jour approche enfin où justice sera faite de cette révolutionnaire devise qui, pour la seconde fois, fait le malheur du pays. Déjà, dans un écrit récent, on l'a battue en brèche en vous prouvant que la tyrannie du principe absolu d'égalité et de fraternité arrivait à tuer la liberté, si plutôt usant de son droit illimité d'indépendance pour violer toutes vos lois fraternelles et égalitaires, la liberté au contraire ne tuait l'égalité et la fraternité. Et c'est sur ce dogme illogique, dont tous les termes réunis aboutissent à nier ce que chacun affirme, sur ce sophisme révolutionnaire, cette déception franc-maçonnique, cette devise menteuse qui semble prêcher l'union, et qui, historiquement et logiquement, conclut toujours à la discorde et à l'anarchie; c'est sur cette base ruinée que vous prétendez, insensés, fonder l'ordre public! Insensés qui voulez fonder l'ordre par la liberté illimitée et la satisfaction de tous les droits, comme si jamais il vous fût permis d'atteindre la limite des droits infinis que chacun, proclamant à son gré, viendrait vous réclamer les armes à la main. Quand serait-elle apaisée cette soif insatiable de satisfactions et de jouissances? Loin que vous puissiez obtenir l'ordre et le repos, les passions toujours déchaînées ne vous laisseraient ni paix ni trève.

En finissant, sachez-le, à travers l'épais et ténébreux brouillard des doctrines démocratiques et sociales dont vous cherchez encore à obscurcir son intelligence, le bon sens du pays s'est enfin fait jour. On ne veut plus de ce drapeau équivoque qu'arborent tous les partis et toutes les sectes. La société ne peut accepter pour sa défense ce qui fait la force de ses ennemis. En effet, quel ordre, quelle stabilité peut-elle attendre d'un dogme qui proclame absolus, illimités les principes de liberté et d'égalité, et qui exagère encore le principe de fraternité, sans admettre un principe modérateur pour en prévenir, en corriger les fatales conséquences? Pas un gouvernement possible, pas une Constitution durable tant que vous repousserez de votre dogme républicain, tant que vous refuserez d'inscrire au sommet ou à la base de votre triangle le mot AUTORITÉ; enfin tant que sous ce mot d'*égalité* vous ne reconnaîtrez pas tout ce qu'il y a de sentiments bas et jaloux de toute supériorité, toujours enclins à abaisser au lieu d'élever le niveau commun, et à détruire l'émulation au profit de l'envie, afin d'y substituer ce que tout esprit élevé veut avant tout trouver, le principe de justice, *l'équité*. C'est alors que l'ordre n'a plus à craindre la licence, n'a plus à redouter les excès de *la liberté*, les sachant prévenus et corrigés d'avance par la force morale du grand principe d'*autorité* respecté de tous, mais limité lui même dans ce qui peut blesser *la liberté* la plus ombrageuse par le principe modérateur *l'équité*, qui les tempère tous deux.

Liberté, Equité, Autorité.

Voilà, citoyens Montagnards, la puissante formule qui défie toutes les vôtres, le vrai dogme civil que puisse adopter la République, car ce dogme a pour sanction le dogme religieux lui-même, en appuyant *l'autorité* sur *la foi*, *l'équité* sur *l'espérance*, et *la liberté* sur la fraternite chrétienne, la sublime *charité*, sa plus inviolable sauvegarde contre la tyrannie et l'esclavage.

PUBLICATIONS

DU COMITÉ DE LA RUE DE POITIERS.

EN VENTE

Chez MM. GARNIER Frères,

10, rue Richelieu.

1. **LA VÉRITÉ AUX OUVRIERS, AUX PAYSANS ET AUX SOLDATS,** par M. Th. Muret.   5 c.

2. **LES PARTAGEUX,** dialogues familiers à la portée de tous, par Wallon. Prix :   5 c.

3. **LA POLITIQUE DU BON SENS,** par M. de Girard. Prix :   2 1/2 c.

4. **SEJOUR DU MARECHAL BUGEAUD A GRENOBLE.** Prix :   2 1/2 c.

5. **LE BUDGET DE LA REPUBLIQUE ROUGE,** par M. ***. Prix :   5 c.

6. **LES ROUGES JUGÉS PAR EUX-MÊMES,** par M. ***. Prix :   5 c.

7. **LE VRAI ET LE FAUX SOCIALISME,** par M. Grün. Prix :   8 c.

8. **LA PROFESSION DE FOI DE JEAN BON-
HOMME,** par M. Schmit. Prix en broch : 2 1/2 c.
En placard :   2 c.

9. **ROUGE ET NOIR**, réponse à M. Félix Pyat,
par M. ***. Prix en placard :   2 1/2 c.

10. **DEUX LETTRES EN RÉPONSE A M. P.
JOIGNEAUX,** en placard. Prix :   2 1/2 c.

11. **PIERRE ET PAUL**, en placard. Prix :   1 c.

12. **LETTRE DE PIERRE FAVEL,** ouvrier bijou-
tier, à son ami **BARIGAUT,** ouvrier tailleur. 1/2 c.

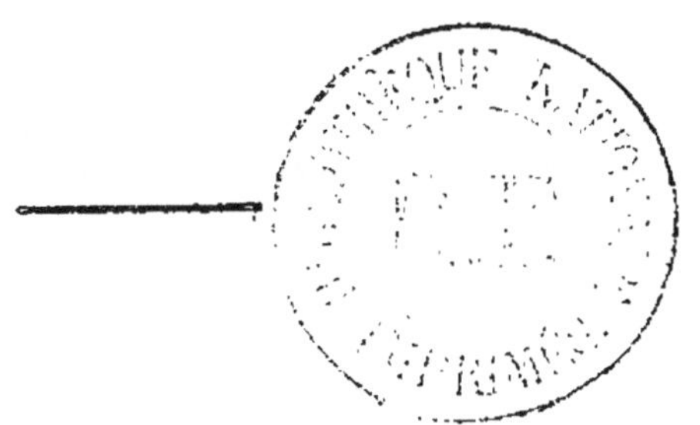

Imprimerie de PILLET fils aîné, rue des Grands-Augustins, 7.